Los teléfonos móviles

Don McLeese

rourkeeducationalmedia.com

www.rourkeeducationalmedia.com

PHOTO CREDITS: © Daniel St. Pierre: Title Page; © Inacio Pire: page 4 left; © JoLin: page 4 top right, 25, 44; © Danny Smith: page 4 middle right; © Margo Harrison: page 4 bottom right; © Perry Correll: page 5 top; © Douglas Freer: page 5 bottom; © Chris Hellyar: page 6; © Jeff R. Clow: page 7; © Alan Goulet: page 8; © ktasos: page 9 top; © Tomasz Pietryszek: page 9 bottom; © Joan Breault: page 10 (tower); © Wojtek Kryczka: page 11; © Ana Abejon: page 12; © Duncan Walker: page 13; © Ryan Burke: page 14 left; © Library of Congress: page 14, 15; © Ryasick: page 16; © Tammy Bryngelson: page 17; © Brian Sullivan: page 18; © Fleyeing: page 19 left; © Jasmin Awad: page 19 right; © Gabrielle Lechner: page 20; © Simon Smith: page 21, 24; © Milos Luzanin: page 22 left; © Jakub Semeniok: page 22 middle; © Murat Koc: page 22 right; © Thomas Mounsey: page 23; © Jamalludin: page 24 bottom; © M. Fawver: page 26; Julián Rovagnati: page 27; © Fantatista: page 28; © Feng Yu: page 29; © Darren Baker: page 31; © Ahmet Mert Onengut: page 32; © Christopher O'Driscoll: page 32 bottom; © Christine Glade: page 33; © Max Blain: page 34; © Tomasz Trojanowski: page 35; © Anthony Berenyi: page 36; © Justin Horrocks: page 37; © Chris Schmidt: page 38; André Schäfer: page 40; © Rich Legg: page 41; © Izabela Haber: page 42; © Apple: page 43

Editor: Nancy Harris
Cover Design by Nicky Stratford, bdpublishing.com
Interior Design by Renee Brady
Translation Services by Cambridge BrickHouse

McLeese, Don.
Los teléfonos móviles / Donald McLeese.
(Exploremos la tecnología de las comunicaciones)

ISBN 978-1-62717-316-2 (soft cover - Spanish)
ISBN 978-1-63155-091-1 (hard cover - Spanish)
ISBN 978-1-62717-502-9 (e-Book - Spanish)
ISBN 978-1-60472-328-1 (hard cover - English)
ISBN 978-1-60694-908-5 (soft cover - English)
Library of Congress Control Number: 2014941376

Rourke Educational Media
Printed in the United States of America,
North Mankato, Minnesota

rourkeeducationalmedia.com

customerservice@rourkeeducationalmedia.com • PO Box 643328 Vero Beach, Florida 32964

Contenido

CAPÍTULO UNO

¡Teléfonos móviles en todas partes!

¿Cuántas personas conoces que tienen un teléfono **móvil**? ¿Tienes uno? Cuando vas a la tienda o al centro comercial, probablemente verás a numerosas personas con móviles, hablando con familiares o amigos. Se denominan móviles porque son portátiles. En algunos países, los llaman teléfonos **celulares**, del inglés *cell*, que significa "célula".

Los teléfonos móviles son muy populares ahora, pero casi nadie los tenía hasta la década de 1990. Antes de esa época, hubo algunos teléfonos móviles que se ponían a los coches y solo funcionaban cuando estabas en el coche. Incluso, no se inventó el primer teléfono móvil hasta 1973, por un hombre llamado Martin Cooper, quien trabajaba para una empresa llamada Motorola.

Los teléfonos móviles han reemplazado a la mayoría los teléfonos públicos y cabinas telefónicas.

Los primeros teléfonos móviles no se parecían a los que se usan hoy en día. Eran del tamaño de un ladrillo y demasiado grandes para caber en tu bolsillo o bolso. Eran mucho más pesados que los que utilizamos ahora y muy caros. Además, solo los tenían las personas muy adineradas o las personas que realmente los necesitaban para su trabajo.

¿Te gustaría llevar uno de estos teléfonos móviles en el bolsillo?

No fue hasta 1983 que una empresa llamada Ameritech comenzó la primera **red** móvil en los Estados Unidos. Incluso entonces, ¡era difícil imaginar cuántas personas tendrían teléfonos móviles y cuánto llegaríamos a depender de ellos!

CAPÍTULO DOS

Redes celulares

La palabra "celular" describe la red de torres que dividen una región en diferentes áreas llamadas células. Si te mueves mientras hablas por un teléfono móvil, la llamada se transmite desde una torre transmisora a otra.

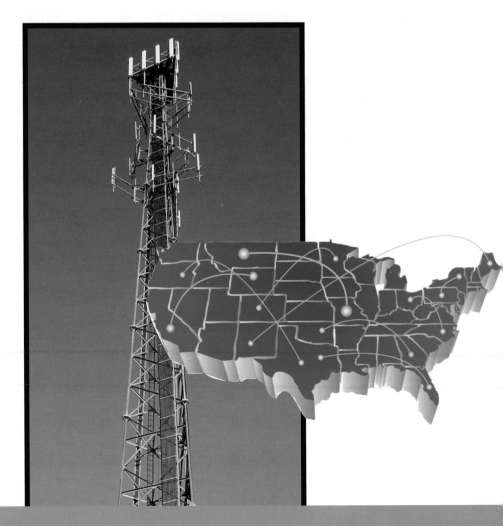

Con lo populares que son los teléfonos móviles, podrías preguntarte si los camioneros usan todavía los radios BC (banda ciudadana). La respuesta es sí. La mayoría de los camioneros usan teléfonos móviles, pero todavía hay muchos lugares a lo largo de sus rutas sin servicio móvil. Por lo tanto, ningún conductor debe salir de casa sin su radio BC. Este importante equipo de seguridad funciona en cualquier lugar. Y además, ¡hablar por un BC es gratis!

¿Has visto un panal de abejas? Un sistema móvil es como un gran panal, con cada célula conectada a la otra por frecuencias de radio. Una célula puede tener una milla o dos de longitud, o mucho más.

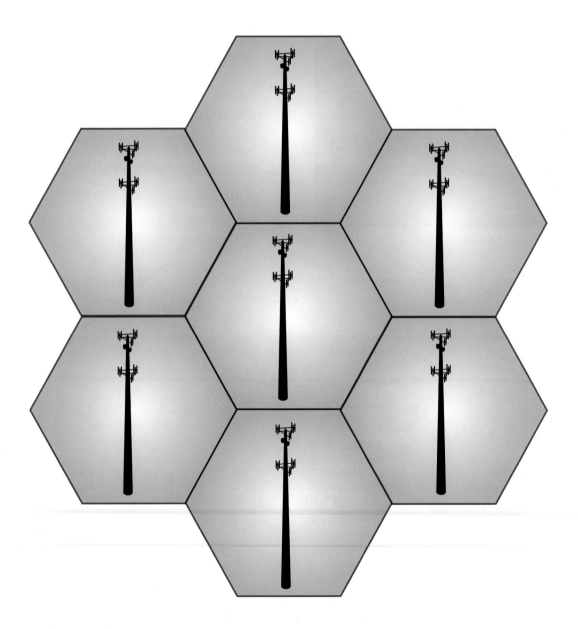

Nunca te das cuenta cuándo tu llamada está siendo transferida de una torre telefónica móvil a la otra. Si pierdes una llamada al salir de una célula, se dice que la llamada se ha caído. Cuando no se pueden hacer o recibir llamadas en un teléfono móvil, es probablemente porque no está dentro de su **área de servicio**. Esto significa que estás tan lejos de una torre de teléfono móvil que no puedes recibir el servicio.

Torres telefónicas móviles

Las torres de telefonía móvil pueden parecer postes altos, otras torres tienen patas de apoyo, y algunas incluso están diseñadas parecidas a los árboles. Muchas de estas torres dan servicio a compañías de teléfono móvil diferentes.

CAPÍTULO TRES

¿Radio o teléfono?

¿Sabías que un teléfono móvil se parece tanto a una pequeña radio como a un teléfono? Un norteamericano llamado Alexander Graham Bell inventó el teléfono en 1876.

Hasta la llegada de los teléfonos móviles, todos los teléfonos requerían una serie de cables para que pudieras hacer una llamada. Llamamos a este tipo de teléfono: fijo. Los cables de teléfono fijo conectan el teléfono a una pared. Otro cable fuera de la pared conecta el teléfono a un poste telefónico.

Los postes telefónicos están conectados uno al otro por medio de cables. Para que un teléfono fijo funcione, una parte del teléfono debe conectarse a los cables en la pared. Si no tienes un teléfono móvil, se te hace difícil moverte dentro de tu casa mientras hablas por teléfono.

En 1893, un inventor llamado Nikola Tesla demostró cómo funcionaba la comunicación **inalámbrica**; esto condujo al desarrollo de la radio. En lugar de cables, la radio recibía señales a través de una **antena**.

Nikola Tesla, demostrando cómo funciona la transmisión inalámbrica por ondas de radio.

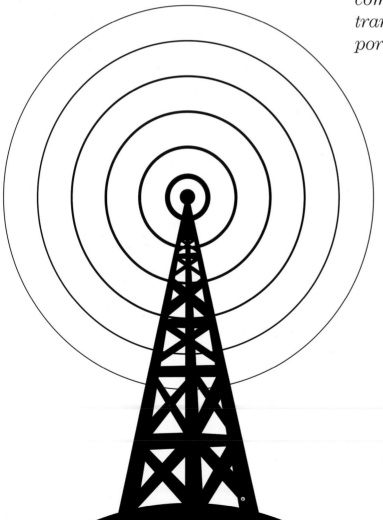

Nikola Tesla

En 1896, el inventor Guglielmo Marconi llegó a ser conocido como el inventor de la radio, después de aprender y mejorar los experimentos de Tesla y de otros inventores.

Guglielmo Marconi

Para operar los teléfonos móviles, la torre celular funciona como una antena de radio grande, enviando y recibiendo señales. Tu teléfono móvil es tanto una radio como un teléfono. Como los teléfonos fijos están conectados por cables, nos referimos a menudo a los teléfonos móviles como teléfonos inalámbricos.

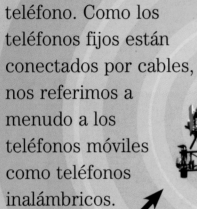

Hoy en día, muchas personas ni siquiera usan el teléfono fijo. Solo poseen un teléfono móvil. Algunas personas que tienen ambos servicios, reciben el servicio de telefonía móvil a través de la misma compañía que ofrece su línea de tierra.

Teléfonos públicos y cabinas telefónicas

Antes de que los teléfonos móviles se hicieran populares, si no estabas en casa y necesitabas hacer una llamada, tenías que encontrar un teléfono público. Estos estaban en tiendas, gasolineras e incluso a lo largo de las aceras.

Los teléfonos públicos a menudo estaban dentro de una cabina telefónica donde podías entrar y cerrar la puerta para que otras personas no pudieran escuchar tu llamada. Para pagar la llamada, insertabas monedas en el teléfono.

Como muchas personas tienen teléfonos móviles, las compañías telefónicas han eliminado la mayoría de sus teléfonos públicos.

CAPÍTULO CUATRO

Vibraciones y dígitos

En el pasado, cuando los teléfonos móviles se instalaban en los coches y muy pocas personas los tenían, se utilizaba un sistema llamado analógico. Un sistema **analógico** transforma una voz en vibraciones eléctricas u ondas, que son enviadas por un **transmisor** o una torre y luego recogidas por una antena.

A través de la antena, las
vibraciones se convierten otra vez en la
voz que puede oír la persona que recibe la
llamada. Con un sistema analógico, no hay
muchos canales disponibles para enviar y
recibir ondas, por lo que mucha gente
en una misma área no puede utilizar
un teléfono móvil al mismo tiempo.

Los teléfonos móviles de hoy utilizan un sistema **digital**. Los dígitos son números. Los números utilizados en un sistema digital son 0 y 1. Así que, en lugar de enviar y recibir un sonido como **ondas** o vibraciones, un sistema digital convierte esas ondas en números. Es como un código o lenguaje, que envía y recibe sonidos como una serie de 0 y 1.

¿Sabías que...?

Puede que sea fácil para ti tomar tu teléfono móvil y llamar a un amigo, pero no es tan fácil para tu teléfono móvil. El teléfono móvil procesa millones de cálculos por segundo para mantener la conversación.

Con un sistema digital, muchas más personas pueden utilizar sus teléfonos al mismo tiempo en un área, que con un sistema analógico.

Computadoras digitales

Todas las computadoras hablan el mismo lenguaje digital de los teléfonos móviles. Los avances en las computadoras, que se han vuelto más pequeñas y más poderosas, han permitido que los teléfonos móviles hagan mucho más que solo enviar y recibir llamadas. Los **chips de computadora**, pequeños trozos de silicio con circuitos eléctricos, también se han hecho más pequeños, menos costosos y más potentes. Además, encajan fácilmente en los teléfonos móviles. Esto permite que los teléfonos móviles tomen fotos y videos, envíen correos electrónicos y se conecten a la Internet.

CAPÍTULO CINCO

Partes del teléfono móvil

Cada compañía móvil produce distintos tipos de teléfonos con diferentes características. Los clientes eligen el móvil con las características que van a utilizar, tales como **mensajes de texto** o GPS (Sistema de Posicionamiento Global).

Todos los teléfonos móviles tienen muchas piezas iguales. La tarjeta de **circuitos integrados**, dentro de un teléfono móvil, tiene varios chips de computadora y un **microprocesador** que permite enviar y recibir llamadas.

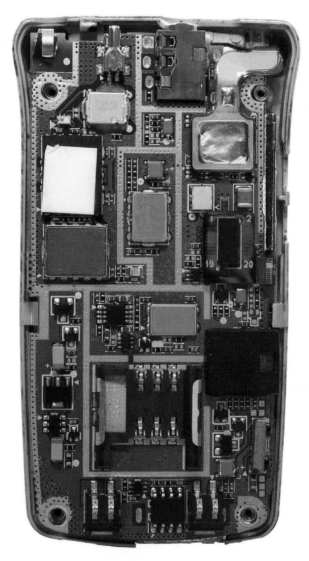

Interior de un teléfono móvil

Cada móvil tiene un módulo de identidad del usuario (SIM) almacenado dentro. Este contiene toda la información de la identidad personal del propietario del teléfono, tales como el número de teléfono móvil, la lista de contactos y los mensajes de texto.

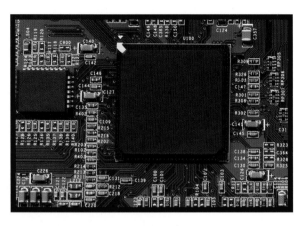

La pantalla, en la parte delantera de un teléfono móvil, se llama LCD o pantalla de cristal líquido.

El **teclado** está debajo de la pantalla LCD, con números u otras figuras en sus botones. En el teclado, marcas el número telefónico de la persona que deseas llamar. Puedes hablar en el micrófono de tu teléfono móvil y escuchas a través de su altavoz.

¿Qué le da energía a tu teléfono móvil? Una pequeña **batería** proporciona la **electricidad**, por lo que tu teléfono no necesita estar enchufado para funcionar. Cuando la batería está perdiendo potencia, un sonido especial o una imagen en la pantalla LCD te avisa. A continuación, puedes conectar tu teléfono móvil a un cargador que se conecta a un enchufe eléctrico, un coche o incluso a un cargador solar. Después de unas horas en el cargador, la batería estará lista para funcionar otra vez.

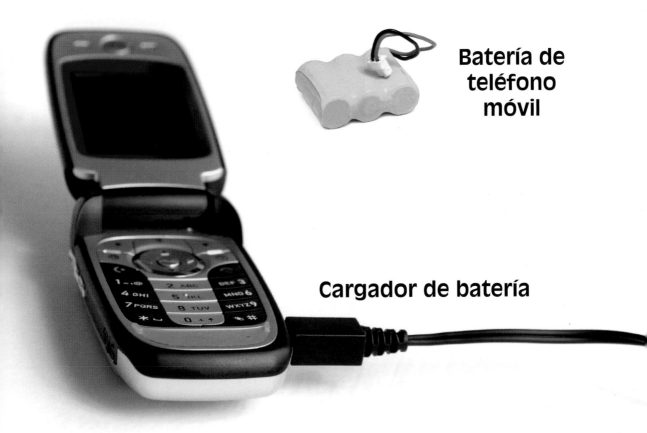

Batería de teléfono móvil

Cargador de batería

CAPÍTULO SEIS

Más que un teléfono

¿Cuántas cosas puede hacer un teléfono móvil? En el pasado, solo podías hacer dos cosas con un teléfono: llamar o recibir llamadas. Pero los teléfonos móviles de hoy pueden realizar muchas de las mismas tareas que hace una computadora.

Al tomar fotos con un móvil:

- Asegúrate de que haya mucha luz.
- No intentes tomar fotos de las cosas con una luz brillante, o con el sol detrás de ellos.
- Toma fotos de primeros planos.
- ¡No te muevas! Recuerda que la mayoría de los teléfonos con cámara necesitan un tiempo entre el pulsado del obturador y la toma de la fotografía.

Muchos teléfonos
tienen cámaras.
Puedes tomar y
guardar las fotos
que luego puedes
descargar e imprimir.
¡Algunos teléfonos
pueden incluso tomar
y guardar vídeos!

En algunos teléfonos puedes guardar y escuchar música, ver programas de televisión en la pantalla LCD o conectarte a Internet para consultar tu correo electrónico o navegar por la red.

Mis acciones

01 02 03 04 05 06

¿Sabes por qué llamamos al teclado de este teléfono móvil un teclado QWERTY? Su nombre proviene de las seis primeras letras en el lado izquierdo del teclado. Las máquinas de escribir y las computadoras de lengua inglesa también utilizan el diseño QWERTY en sus teclados.

Muchas personas, como tú y tus amigos, usan más sus teléfonos móviles para enviar y recibir mensajes de texto que para hacer y contestar llamadas. Lo llaman **textear**.

¿Qué significa?	
:)	sonrisa o felicidad
?xT	tengo una pregunta
+info	más información
LOL	carcajadas
NV	nos vemos
BFF	mejores amigos por siempre
xF	por favor
QU	¿Qué hubo?

Cuando decides cambiar de compañía de servicios telefónicos móviles, puedes elegir mantener tu mismo número de teléfono, pero tendrás que comprar un teléfono nuevo.

Existen diferencias en las redes de un país a otro. Para hacer llamadas por teléfono móvil en un país extranjero usando tu teléfono móvil, asegúrate de que se ha adaptado para ese propósito.

CAPÍTULO SIETE

Qué hacer y qué no hacer

¿Conoces la palabra etiqueta? Son las reglas para ser educado. Como que los teléfonos móviles se han vuelto tan populares, tenemos que tener especial cuidado al utilizar la etiqueta del teléfono móvil, para asegurarnos de no molestar a otras personas cuando lo estamos usando.

No hables mientras manejas

En California, Connecticut, Washington D.C., Nueva Jersey y Nueva York, los conductores deben utilizar un dispositivo de manos libres, como un Bluetooth o un auricular, con su teléfono móvil cuando están conduciendo.

NO molestes a otras personas con tus llamadas. Sal y ve a algún lugar privado o habla en voz baja. Ten cuidado cuando uses un teléfono móvil en lugares públicos como restaurantes y tiendas. No solo puedes molestar a otras personas, sino que otros pueden oír tu conversación personal.

Apaga tu teléfono móvil, o silencia el timbre, en cines, bibliotecas u otros lugares donde la gente quiere estar tranquila.

NO uses nunca un teléfono móvil en clase, ya sea para hablar o para textear. ¡Debes prestar atención a tu maestro, no a tu teléfono móvil!

NO uses tu teléfono móvil para tomar fotos o videos de gente que no lo desean o que no saben que se las estás tomando.

Asegúrate de entender tu plan de teléfono móvil y lo que debes pagar. Puede haber un cargo por cada vez que haces o recibes una llamada, cada minuto que uses y cada mensaje que envíes o recibas. Todo depende de la empresa que tu familia use para el servicio de telefonía móvil y el plan mensual que tienes.

Sé particularmente cuidadoso con la **itinerancia**. A veces, cuando te vas del área de servicio de tu empresa, tu llamada puede pasar por medio de la torre de otra empresa. Si esto sucede, la llamada podría costar mucho más.

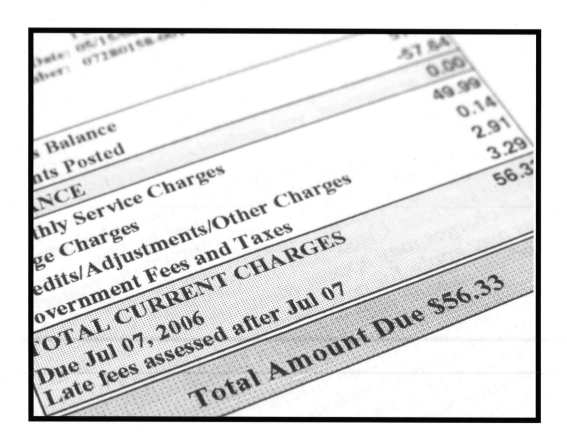

Si tienes alguna pregunta sobre el uso de tu teléfono móvil, pregúntale a un adulto.

CAPÍTULO OCHO

¡Apágalo!

¿Has visto un cartel en el consultorio de un médico o un hospital diciendo que allí no se pueden usar teléfonos móviles? Hay muchos lugares donde no deben usarse los teléfonos móviles, tales como oficinas gubernamentales, escuelas y bibliotecas. Por favor sé respetuoso.

Si has estado en un avión, ¿has oído a la azafata anunciar que todos los teléfonos móviles deben estar apagados antes de despegar? ¿Te has preguntado por qué?

Las señales enviadas por un teléfono móvil a una torre pueden detener o provocar fallos en las máquinas automatizadas utilizadas por los médicos. Las señales de teléfono móvil también pueden interferir con el sistema de computadoras de un avión, lo cual causaría serios problemas.

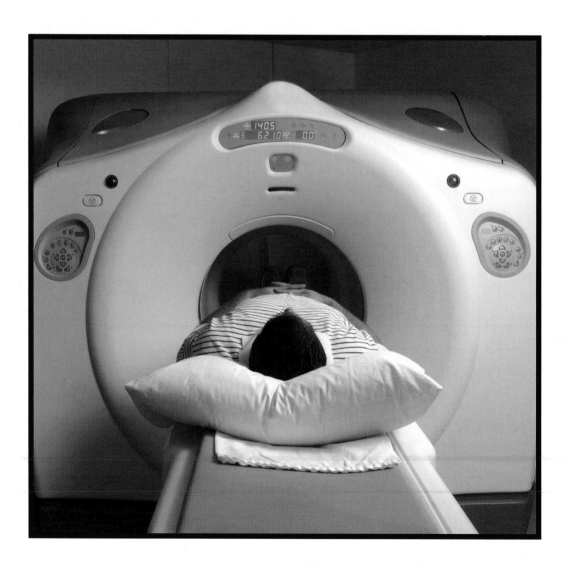

Nunca tengas tu móvil encendido en un consultorio médico o en un hospital donde un letrero diga que su uso está prohibido.

Tal vez te sorprendas si la próxima vez que vueles ves un anuncio diciendo que es permitido usar tu teléfono móvil para conectarte a Internet y revisar los correos electrónicos durante el vuelo. Pero, antes de que decidas conectarte, tal vez debas averiguar cuánto te costará. Podría ser caro.

CAPÍTULO NUEVE

El futuro de los teléfonos móviles

Recientemente, en la década de 1980, era difícil imaginar cuántas personas tendrían teléfonos móviles hoy y cuántas funciones estos teléfonos serían capaces de realizar. Ahora la gente se ha acostumbrado tanto a los teléfonos móviles que es difícil imaginar la vida sin ellos.

Los teléfonos móviles han cambiado rápidamente la forma en que vivimos. Nos ayudan a mantenernos en contacto con nuestros amigos y familiares, nos entretienen con juegos y videos y nos ayudan a encontrar el camino cuando estamos perdidos. En algún momento, los teléfonos fijos dejarán de existir. ¿Qué harán los teléfonos móviles del futuro?

Cronología

 1876 - Alexander Graham Bell inventa el teléfono.

 1893 - Nikola Tesla demuestra la comunicación radiofónica inalámbrica.

 **1896** - Guglielmo Marconi inventa la radio.

1973 - Combinando las tecnologías del teléfono y la radio, Martin Cooper, de Motorola, inventa el primer teléfono móvil portátil.

 1983 - La compañía Ameritech inaugura la primera red móvil de Estados Unidos.

 Década de 1990 - Los teléfonos móviles se hacen más populares y pequeños, usando la tecnología digital.

2008 - La mayoría de los teléfonos móviles actuales son teléfonos inteligentes o *smartphones*. Los *smartphones* son teléfonos móviles con funciones adicionales tales como la navegación por Internet y las capacidades de correo electrónico.

Glosario

analógico: sistema que utiliza vibraciones eléctricas o las ondas en lugar de números para enviar información

antena: parte del teléfono móvil o torre de teléfono móvil que envía y recibe las señales para hacer una llamada

área de servicio: área donde puedes enviar y recibir llamadas con tu compañía de teléfono móvil

batería: parte interior del teléfono móvil que provee la electricidad que lo alimenta

células: cada una de las áreas que están conectadas dentro de un sistema móvil y son a menudo similares en tamaño y forma

celular: sistema que utiliza células

circuito impreso: parte interior del teléfono móvil que le permite enviar y recibir llamadas y mensajes de texto

chip de computadora: pequeña pieza de silicio con circuitos eléctricos instalados

digital: sistema que utiliza los dígitos 0 y 1 para realizar tareas

electricidad: una corriente de energía causada por el movimiento de los electrones

inalámbrico: la capacidad de los teléfonos móviles de comunicarse o de las computadoras para conectarse a Internet sin necesidad de utilizar cables o enchufes

LCD: abreviatura de pantalla de cristal líquido, la pantalla de un teléfono móvil

microprocesador: un chip muy pequeño que es la parte principal del tablero del circuito y procesa todas las señales

móvil: que tiene la capacidad de moverse

ondas: vibraciones de energía que se mueven o se envían a través del aire

sitio Web: una ubicación central para páginas web relacionadas en Internet

teclado: parte del teléfono móvil debajo la pantalla LCD donde puedes pulsar números (o las letras de mensajes de texto)

textear: enviar mensajes de texto por teléfonos móviles

transmisor: torre o un dispositivo más pequeño que envía una señal para ser recibida

Índice

Más lectura

O'Connell, Jen. *The Cell Phone Decoder Ring*. Voice of Wireless, 2007.

Stetz, Penelope. *The Cell Phone Handbook*. FindTech Ltd., 2006.

Thompson, Henrietta. *Phone Book: The Ultimate Guide to the Cell Phone Phenomenon*. Thames and Hudson, 2005.

Sitios de la internet

www.fcc.gov/cgb/kidszone/faqs_cellphones.html

www.keepkidshealthy.com/parenting_matters/
cell_phones_kids.html

www.://ezinearticles.com/?Kids-and-Cell-
Phones&id=1037

Sobre el autor

Don McLeese es profesor de periodismo en la Universidad de Iowa. Ha escrito muchos libros y muchos artículos para diarios, revistas y para jóvenes estudiantes.